Geschichten auf Spanisch
Niveau A1-A2 - Buch 2
- MIT AUDIO -

Für Spanischlerner entwickelt

Lade deine Audio-Dateien herunter:

Schritt 1: Gehe auf Esidioma.com/extras

Schritt 2: Trage den folgenden Code ein:

EsYKy

Bei Fragen wende dich gern an: info@Esidioma.com

esidioma.com

Índice

esidioma.com

Lerne mit uns Spanisch!
Wir haben alles, was du zur Verbesserung deiner
Sprachkenntnisse brauchst

Copyright © Esidioma
Texte: José Antonio Santiago
Gestaltung: Esidioma Team
Bilder: pexels.com
ISBN - 978-84-16971-82-4
Pflichtexemplarnummer - AS 02216-2024

El caballo egoísta
Das egoistische Pferd

Vocabulario

1. egoísta	egoistisch
2. caballo	Pferd
3. burro	Esel
4. camino	Weg
5. dueño	Besitzer
6. caminar	gehen
7. sal	Salz
8. harina	Mehl
9. patatas	Kartoffeln
10. rápido	schnell
11. pesado	schwer
12. saco	Sack
13. cansado	müde
14. ayudar	helfen
15. gritar	schreien
16. trabajo	Arbeit
17. fuerte	stark
18. me duele la espalada	mir tut der Rücken weh
19. piedra	Stein
20. tropezar	stolpern
21. caer	stürzen
22. levantarse	aufstehen
23. tonto	dumm
24. nada	nichts
25. listo	schlau

El caballo egoísta

 Un burro y un caballo van por un camino. Su dueño camina detrás de ellos. Hace mucho calor. El burro camina despacio. Sobre su espalda, lleva sacos con sal, harina y patatas. El caballo camina rápido y no lleva nada. El burro mira al caballo y le dice:

—Ay, estos sacos pesan mucho. Estoy muy cansado. Ayúdame, por favor. Tú puedes llevar las patatas y yo llevaré la harina y la sal.

—¡Qué listo eres! —responde el caballo—. Eso no es mi trabajo. ¿Por qué tengo que ayudarte? Tú eres fuerte. Puedes llevarlo todo sin problema.

Das egoistische Pferd

Ein Esel und ein Pferd gehen einen Weg entlang. Hinter ihnen läuft ihr Besitzer. Es ist ein heißer Tag. Der Esel geht langsam. Er trägt Salz, Mehl und Kartoffeln auf dem Rücken. Das Pferd geht indes schnell und trägt nichts. Der Esel schaut zu dem Pferd und sagt:

»Ach, diese Säcke sind schwer. Ich bin sehr müde. Hilf mir, bitte. Du kannst die Kartoffeln tragen und ich trage das Mehl und das Salz.«

»Du bist ja schlau!«, antwortet das Pferd. »Das ist doch nicht meine Arbeit! Warum sollte ich dir helfen? Du bist stark. Du kannst alles problemlos tragen.«

El burro no dice nada. Está muy cansado y le duele la espalda. Media hora más tarde, el burro pregunta de nuevo:

—Caballo, eres mi amigo. Tienes que ayudarme. ¿Qué puedes coger? ¿La harina, la sal o las patatas? Solo una cosa. Yo llevo el resto. Ayúdame, por favor. Yo no puedo llevarlo todo.

—Por supuesto que puedes —responde el caballo—. Eso es tu trabajo. Como ves, nuestro dueño me quiere mucho. Por eso, no me da sacos pesados.

El burro camina en silencio. Sabe que el caballo no dice la verdad. El dueño ha trabajado todo el día y está muy cansado. Por eso, no ve que el caballo no lleva nada. Y el pobre burro decide no hablar más con el caballo.

Der Esel sagt nichts. Er ist sehr müde und ihm schmerzt der Rücken. Eine halbe Stunde später fragt der Esel erneut:

»Pferd, du bist mein Freund. Du musst mir helfen. Was kannst du nehmen? Das Mehl, das Salz oder die Kartoffeln? Nur ein was. Ich nehme den Rest. Hilf mir, bitte. Ich kann nicht alles tragen.«

»Natürlich kannst du das«, antwortet das Pferd. »Das ist deine Aufgabe. Wie du siehst, liebt der Besitzer mich sehr. Darum gibt er mir keine schweren Säcke.«

Der Esel geht schweigend weiter. Er weiß, dass das Pferd lügt. Der Besitzer hat den ganzen Tag gearbeitet und ist sehr müde. Deshalb bemerkt er nicht, dass das Pferd nichts trägt. So beschließt der arme Esel, nicht mehr mit dem Pferd zu sprechen.

En el camino hay una piedra. El burro está muy cansado y no la ve. Tropieza con la piedra y cae al suelo. No puede levantarse. El dueño corre hacia el burro.

—¡Burro! —grita el hombre—. ¡Ay, pobre burro! Mira cuántos sacos tienes en la espalda. Estás cansado y casi no puedes caminar. Y tú, caballo, ¿por qué no ayudas a tu amigo?

El dueño coge todos los sacos y los pone encima del caballo. El caballo empieza a caminar.

—¡Ay, Qué tonto he sido! —piensa el caballo—. Antes, no quise coger ningún saco y ahora lo llevo todo: la harina, la sal y las patatas.

Auf dem Weg liegt ein Stein. Der müde Esel sieht ihn nicht. Er stolpert über den Stein und stürzt zu Boden. Er kann nicht aufstehen. Der Besitzer läuft zu dem Esel.

»Esel!«, schreit er. »Oh, du armer Esel! Sieh nur, wie viele Säcke du auf dem Rücken hast. Du bist müde und kannst kaum noch laufen. Und du, Pferd, warum hilfst du deinem Freund nicht?«

Der Besitzer nimmt die Säcke und packt sie auf das Pferd. Das Pferd geht los.

»Wie dumm ich doch war«, denkt das Pferd. »Erst wollte ich gar keinen Sack nehmen, und nun trage ich alles: Das Mehl, das Salz und die Kartoffeln.«

Ejercicios

1 ¿Verdadero (V) o falso (F)?
Wahr oder falsch?

1. El burro va despacio.
2. El burro lleva sal y harina, y el caballo lleva patatas.
3. El caballo quiere ayudar al burro.
4. El burro es muy fuerte y puede llevarlo todo sin problema.
5. El dueño no ve que el caballo no lleva nada.
6. El caballo piensa que el dueño no le da sacos pesados, porque lo quiere mucho.

2 Escoge la respuesta correcta:
Wähle die richtige Antwort:

1. ¿Quién lleva los sacos?
   a) el dueño b) el caballo c) el burro
2. ¿Quién no quiere ayudar?
   a) el dueño b) el caballo c) el burro
3. ¿Qué hace al dueño?
   a) llevarlo todo b) hablar con el caballo c) caminar al lado
4. ¿Qué dice el caballo?
   a) "No es mi trabajo" b) "Tengo que ayudarte"
   c) "Puedo llevarlo todo sin problema"
5. ¿Qué hay en el camino?
   a) unos sacos b) una piedra c) un árbol

3 Completa las frases con las siguientes palabras:
Vervollständige die Sätze mit den angegebenen Wörtern:

nada / camino / otro / verdad /
dificultad / tropieza

1. Un burro y un caballo van por un _____ .
2. El caballo va rápido y no lleva _____ .
3. El burro _____ con la piedra.
4. Nos tenemos que ayudar el uno al _____ .
5. El burro respira con _____ .
6. El burro sabe que el caballo no dice la _____ .

4 Combina las columnas:
Verbinde die Spalten:

1. Hace mucho   a. pesan mucho
2. Los sacos   b. al suelo
3. El burro no puede   c. cansado
4. El burro cae   d. calor
5. El dueño está   e. en la espalda
6. El burro tiene muchos sacos   f. llevarlo todo

Soluciones

Ejercicio 1: 1-V, 2-F, 3-F, 4-F, 5-V, 6-V
Ejercicio 2: 1-c, 2-b, 3-c, 4-a, 5-b
Ejercicio 3: 1-camino, 2-nada, 3-tropieza, 4-otro,
5-dificultad, 6-verdad
Ejercicio 4: 1-d, 2-a, 3-f, 4-b, 5-c, 6-e

El consejero del emperador
Der Berater des Kaisers

Vocabulario

1. lugar	Ort
2. sencillo	einfach
3. amable	freundlich
4. país	Land
5. ocupado	beschäftigt
6. respuesta	Antwort
7. barco	Schiff
8. puerto	Hafen
9. inmediatamente	sofort
10. contar	zählen
11. acercarse	sich nähern, hingehen
12. estar seguro	sicher sein
13. sorprendido	überrascht
14. demasiado	zu (viele)
15. empezar	anfangen
16. pensar	denken
17. paloma	Taube
18. verdad	Wahrheit
19. mandar	schicken
20. resultado	Ergebnis
21. invitado	Gast
22. extranjero	ausländisch
23. estar de vacaciones	im Urlaub sein
24. astuto	gewieft, listig
25. sonrisa	lächeln

El consejero del emperador

🔊 Audio 2

En un lugar muy lejano, en medio del océano, hay una pequeña isla. La gente que vive allí es sencilla y amable. Este pequeño país tiene un emperador. Es un hombre muy ocupado. Cada día, toma decisiones sobre temas importantes. A veces, pide ayuda a su consejero porque es muy sabio. Siempre sabe la respuesta a cualquier pregunta.

—Mi querido consejero, ¿cuántos barcos hay ahora mismo en el puerto? —pregunta un día el emperador.

—Cincuenta barcos —responde inmediatamente el consejero—. Diez barcos de Japón, quince de España, catorce de Australia y once de Italia.

Der Berater des Kaisers

Weit, weit weg, mitten im Ozean, liegt eine kleine Insel. Dort leben einfache, gute Menschen. Das kleine Land hat einen Kaiser. Er ist ein viel beschäftigter Mann. Jeden Tag entscheidet er über wichtige Fragen. Manchmal bittet er seinen Berater um Hilfe, da dieser sehr weise ist. Immer weiß er die Antwort auf jede Frage.

»Lieber Berater, wie viele Schiffe liegen derzeit im Hafen?«, fragt der Kaiser eines Tages.

»Fünfzig Schiffe«, antwortet der Berater sofort. »Zehn Schiffe aus Japan, fünfzehn aus Spanien, vierzehn aus Australien und elf Schiffe aus Italien.«

Entonces, el emperador va al puerto y cuenta todos los barcos. Como siempre, la información del consejero es correcta.

Al día siguiente, el emperador se acerca a su consejero y le pregunta:

—¿Y cuántos doctores tenemos en el país? —el emperador está seguro de que el consejero no sabe la respuesta correcta.

—En nuestro país hay cinco mil ciento noventa y ocho doctores —responde el consejero tranquilamente—. Ayer estuve en el hospital y vi esa información en unos documentos.

El emperador está muy sorprendido. "Es imposible. Mi consejero no puede saber la respuesta a todas mis preguntas" —piensa el emperador— "Tiene que haber una pregunta demasiado difícil incluso para él. ¿Qué le puedo preguntar?"

Da macht sich der Kaiser auf den Weg zum Hafen und zählt alle Schiffe. Wie immer stimmt die Auskunft des Beraters.

Am nächsten Tag tritt der Kaiser zu seinem Berater und fragt ihn:

»Und wie viele Ärzte haben wir im Land?« Der Kaiser ist sicher, dass der Berater diese Frage nicht richtig beantworten kann.

»In unserem Land gibt es fünftausendeinhundert achtundneunzig Ärzte«, antwortet der Berater ruhig. »Gestern war ich im Krankenhaus und habe diesen Fakt in den Unterlagen gelesen.«

Der Kaiser ist sehr überrascht. »Unmöglich! Mein Berater kann nicht die Antworten auf alle meine Fragen kennen«, denkt der Kaiser. »Sicher gibt es eine Frage, die sogar für ihn zu schwer ist. Was kann ich ihn nur fragen?«

El emperador empieza a pensar. Finalmente, va a buscar a su consejero y le dice:

—Consejero, tengo una pregunta muy importante: ¿Sabes cuántas palomas hay en el país?

—Claro que lo sé —responde el consejero—. Cincuenta mil trescientas ochenta y seis palomas.

—¿Cómo puedo saber que dices la verdad? —pregunta el emperador.

El consejero responde:

—Hay una forma muy sencilla de saberlo. Mandamos a los soldados a contar todas las palomas. Si el resultado es mayor que cincuenta mil trescientos ochenta y seis, la explicación es muy simple: las palomas tienen invitados extranjeros. Si el resultado es menor, la explicación también es simple: algunas palomas están de vacaciones en otra isla.

—Qué astuto eres —dice el emperador con una sonrisa.

Der Kaiser überlegt. Schließlich geht er zu seinem Berater und sagt:

»Berater, ich habe eine sehr wichtige Frage: Weißt du, wie viele Tauben in unserem Land leben?«

»Gewiss weiß ich das«, antwortet der Berater. »Fünfzigtausenddreihundertsechsundachzig Tauben.«

»Wie kann ich wissen, dass du die Wahrheit sagst?«, fragt der Kaiser.

Der Berater erwidert:

»Das lässt sich auf einfache Weise herausfinden. Wir lassen Eure Soldaten alle Tauben zählen. Wenn sie auf mehr als fünfzigtausend-dreihundertsechsundachzig kommen, dann liegt das einfach daran, dass die Tauben Gäste aus dem Ausland haben. Und wenn das Ergebnis niedriger ist, liegt das schlicht daran, dass einige auf einer anderen Insel Urlaub machen.«

»Du bist gewieft«, sagt der Kaiser mit einem Lächeln.

Ejercicios --

1 ¿Verdadero (V) o falso (F)?
Wahr oder falsch?

1. El emperador toma decisiones sin ayuda de nadie.
2. El consejero sabe la respuesta a cualquier pregunta.
3. Los soldados van a contar los barcos en el puerto.
4. Hay 5198 doctores en el país y 50 barcos en el puerto.
5. El imperador quiere pensar una pregunta demasiado difícil para el consejero.
6. El consejero cuenta las palomas en toda la isla.

2 Escoge la respuesta correcta:
Wähle die richtige Antwort:

1. **¿Dónde está este pequeño país?**
   a) en medio de la jungla b) en medio del océano
   c) en medio del desierto
2. **¿Quién sabe las respuestas a todas las preguntas?**
   a) el consejero b) el imperador c) los soldados
3. **¿Cuántos barcos son de Australia?**
   a) 11 b) 14 c) 15
4. **¿Dónde está la información sobre los doctores?**
   a) en el puerto b) en otra isla c) en el hospital
5. **¿Quién puede contar las palomas?**
   a) el consejero b) los soldados c) los invitados extranjeros

3 Completa las frases con las siguientes palabras:
Vervollständige die Sätze mit den angegebenen Wörtern:

lejano / sabio / vacaciones / sencilla /
toma / correcta

1. El emperador pide ayuda al consejero porque es muy
_____ .

2. La información del consejero era _____ .

3. La gente que vive allí es _____ y amable.

4. En un lugar muy _____ hay una pequeña isla.

5. El emperador _____ decisiones sobre temas importantes.

6. Si el resultado es menor, las palomas están de _____ .

4 Combina las columnas:
Verbinde die Spalten:

1. En el puerto hay barcos de   a. ayuda
2. A veces el emperador pide   b. España
3. Las palomas tienen invitados   c. simple
4. El emperador está   d. extranjeros
5. La explicación es muy   e. sorprendido
6. Hay una forma sencilla de   f. saberlo

Soluciones

Ejercicios 1: 1-F, 2-V, 3-F, 4-V, 5-V, 6-F
Ejercicios 2: 1-b, 2-a, 3-b, 4-c, 5-b
Ejercicios 3: 1-sabio, 2-correcta, 3-sencilla, 4-lejano,
5-toma, 6-vacaciones
Ejercicios 4: 1-b, 2-a, 3-d, 4-e, 5-c, 6-f

La zorra y la fruta
Der Fuchs und die Früchte

Vocabulario

1. bosque	Wald
2. tener hambre	Hunger haben
3. buscar	suchen
4. de repente	plötzlich
5. árbol	Baum
6. manzana	Apfel
7. pera	Birne
8. naranja	Orange
9. encontrar	finden
10. rama	Ast
11. alto	hoch
12. saltar	springen
13. coger	nehmen, pflücken
14. ácido	sauer
15. entender	verstehen
16. sombra	Schatten
17. echarse a dormir	einschlafen
18. descansar	ausruhen
19. soñar	träumen
20. despertarse	aufwachen
21. pararse	aufhören
22. alejarse	weggehen
23. duro	hart
24. odiar	hassen
25. conseguir	erreichen

La zorra y la fruta

🔊 Audio 3

Una zorra pasea por el bosque. Tiene mucha hambre y está cansada. Busca algo para comer. De repente, ve muchos árboles con fruta. La zorra mira la fruta y piensa:

—¡Cuánta comida! Manzanas, peras, naranjas,... Nunca he visto tanta comida junta.

La zorra es muy inteligente. Sabe que comer fruta es bueno para la salud. La manzana es su fruta favorita. Así que, mira a su alrededor y encuentra un gran árbol lleno de manzanas. Las ramas están muy altas. La zorra empieza a saltar para coger una manzana. Salta, salta, y salta. Después de un rato, entiende que no puede saltar tan alto.

Der Fuchs und die Früchte

Ein Fuchs geht durch den Wald. Er ist sehr hungrig und müde. Er sucht Futter. Plötzlich sieht er viele Bäume, an denen Obst hängt. Der Fuchs schaut auf das Obst und denkt:

»So viel Essen! Äpfel, Birnen, Orangen,... Ich habe noch nie so viel Essen auf einmal gesehen.«

Der Fuchs ist sehr intelligent. Er weiß, dass Obst gesund ist. Der Apfel ist seine Lieblingsfrucht. Also schaut er sich um und findet einen großen Baum voller Äpfel. Die Äpfel hängen sehr hoch. Der Fuchs beginnt zu hüpfen, um einen Apfel zu pflücken. Er springt und springt und springt. Nach einer Weile merkt er, dass er nicht so hoch springen kann.

—No pasa nada —piensa la zorra.— La pera también es una fruta deliciosa y muy sana.

La zorra se acerca a un árbol con muchas peras. De nuevo empieza a saltar. Pero no puede coger ninguna pera. Entonces, la zorra va a un árbol lleno de naranjas. Pero ve que este árbol es más alto que los otros.

—Creo que estoy demasiado cansada. Por eso no puedo saltar tan alto. Debajo de este árbol hay sombra. Voy a dormir aquí un rato para descansar. Después, tendré más fuerza que antes y podré saltar más alto.

Hoy hace mucho calor. Debajo del árbol, la zorra está muy cómoda. Se echa a dormir y sueña con las manzanas, las peras y las naranjas. ¡Qué hambre tiene!

»Macht nichts«, denkt der Fuchs. »Die Birne ist auch ein schmackhaftes und gesundes Obst.«

Der Fuchs geht zu einem Baum voller Birnen. Wieder beginnt er zu springen. Er kann keine einzige Birne pflücken. Da geht der Fuchs zu einem Baum mit vielen Orangen. Aber dieser Baum ist noch höher als die anderen.

»Ich bin wohl sehr müde. Darum kann ich nicht so hoch springen. Dort unter dem Baum ist Schatten. Ich werde ein wenig schlafen, um mich zu erholen. So komme ich wieder zu Kräften und werde dann höher springen.«

Es ist ein heißer Tag. Unter dem Baum hat der Fuchs ein angenehmes Plätzchen gefunden. Er schläft ein und träumt von Äpfeln, Birnen und Orangen. Er hat so einen Hunger!

Una hora después, la zorra se despierta y empieza a saltar de nuevo. Salta más que antes. Pero no es suficiente. El árbol es demasiado alto. Pero la zorra no se para. Salta, salta y salta. Sin embargo, todo es inútil.

A la zorra le duelen las patas y está muy cansada. Ya no quiere saltar más. Entonces, se aleja del árbol y grita:

—¡Bah! ¿Quién quiere comer esta fruta? Seguro que las manzanas y las naranjas están demasiado ácidas. Y las peras parecen demasiado duras. Además, a mí no me gusta la fruta.

Moraleja: A veces, la gente odia lo que no puede conseguir.

Nach einer Stunde wacht der Fuchs auf und beginnt erneut zu springen. Er springt höher als zuvor. Doch es reicht nicht. Der Baum ist zu hoch. Aber der Fuchs hört nicht auf. Er springt und springt und springt. Aber es ist alles zwecklos.

Dem Fuchs tun die Pfoten weh, er ist erschöpft. Er hat das Hüpfen satt. Da geht er fort und ruft:

»Pah! Wer isst schon diese Früchte? Ich bin sicher, dass die Äpfel und Orangen zu sauer sind. Und die Birnen sehen aus, als seien sie zu hart. Ich mag sowieso kein Obst!«

Die Moral: Oft hassen die Menschen das, was sie nicht erreichen können.

Ejercicios

1
Pon las frases en el orden correcto:
Bringedie Sätze in die richtige Reihenfolge:

1. La zorra empieza a saltar para coger una manzana.
2. La zorra se echa a dormir bajo el árbol.
3. Un hora después, la zorra se despierta.
4. La zorra busca algo para comer y vé arboles con fruta.
5. La zorra se acerca a un árbol con peras.
6. "A mí no me gusta la fruta" —grita la zorra.

2
Verdadero (V) o falso (F)?
Wahr oder falsch?

1. Las ramas de los árboles están muy altas.
2. La zorra sabe que comer fruta es bueno para la salud.
3. La pera es su fruta favorita.
4. El árbol con naranjas no es alto, pero la zorra no puede coger ninguna fruta.
5. La zorra sueña con las manzanas, peras y naranjas.
6. La zorra no quiere la fruta porque está ácida y dura.

3 Completa las frases con las siguientes palabras:
Vervollständige die Sätze mit den angegebenen Wörtern:

saltar / tanta / alrededor / bueno /
debajo / lleno

1. Nunca he visto _____ comida junta.
2. La zorra empieza a _____ para coger una manzana.
3. Comer fruta es _____ para la salud.
4. La zorra mira a su _____ y ve un árbol.
5. La zorra va a un árbol _____ de naranjas.
6. _____ de este árbol hay sombra.

4 Combina las columnas:
Verbinde die Spalten:

1. La zorra tiene mucha   a. altas
2. Las ramas están muy   b. duras
3. La zorra se echa a   c. perder
4. A la zorra no le gusta   d. hambre
5. La zorra se aleja del   e. árbol
6. Las peras parecen demasiado   f. dormir

Soluciones
Ejercicio 1: El orden correcto es 4, 1, 5, 2, 3, 6
Ejercicio 2: 1-V, 2-V, 3-F, 4-F, 5-V, 6-F
Ejercicio 3: 1-tanta, 2-saltar, 3-bueno, 4-alrededor,
5-lleno, 6-Debajo
Ejercicio 4: 1-d, 2-a, 3-f, 4-c, 5-e, 6-b

¿Quién es el mejor?
Wer ist der Beste?

Vocabulario

1.	mundo	Welt
2.	especial	speziell, besonders
3.	tener miedo	Angst haben
4.	león	Löwe
5.	pasear	spazieren gehen
6.	nunca	nie
7.	decir	sagen
8.	peor	schlechter
9.	responder	antworten
10.	palabra	Wort
11.	cueva	Höhle
12.	a menudo	oft
13.	Hace calor	es ist heiß
14.	dentro	drinnen
15.	hormiga	Ameise
16.	vivir	leben
17.	valiente	mutig
18.	reírse	lachen
19.	tontería	Unsinn
20.	roca	Fels
21.	enorme	riesig
22.	sin embargo	jedoch, hingegen
23.	agujero	Loch
24.	salida	Ausgang
25.	cerrar	schließen, versperren

¿Quién es el mejor?

🔊 Audio 4

¿Te gustan los animales? ¿Cuál es tu animal favorito? ¿Cuál es el mejor animal del mundo? Esta es una pregunta difícil, ¿verdad?

Nuestra historia trata de un elefante muy especial. Piensa que es el mejor animal del mundo. Es grande y fuerte. Los otros animales le tienen miedo. Incluso el león le tiene miedo.

A este elefante le gusta pasear. A menudo, pasea por el bosque. Ahí viven muchos animales. Cuando lo ven, siempre le dicen "Hola, señor elefante". El elefante nunca responde y sigue su camino sin decir nada. ¡Es muy arrogante!

Wer ist der Beste?

Magst du Tiere? Welches ist dein Lieblingstier? Welches Tier ist das Beste der Welt? Das ist eine schwierige Frage, stimmt's?

In unserer Geschichte geht es um einen besonderen Elefanten. Er glaubt, das beste Tier der Welt zu sein. Er ist groß und stark. Die anderen Tiere haben Angst vor ihm. Sogar der Löwe fürchtet sich vor ihm.

Dieser Elefant geht gern spazieren. Oft spaziert er durch den Wald. Dort leben viele Tiere. Wenn sie ihn sehen, sagen sie immer: »Guten Tag, Herr Elefant.« Der Elefant antwortet nie und geht einfach weiter. Er ist sehr arrogant!

—¿Por qué tengo que hablar con los otros animales? —piensa el elefante—. Ellos son peores que yo. Todos deben respetarme.

Un día, el elefante decide pasear por las montañas. Como siempre, todos los animales le dicen "Hola, señor elefante". El elefante, como siempre, no dice ni una palabra.

En las montañas, hay muchas cuevas. El elefante descansa a menudo en ellas. El elefante encuentra una donde no hace calor y hay mucho espacio.

Dentro de esa cueva viven unas hormigas. Son pequeñas pero muy valientes. Una de ellas va hacia el elefante y le dice:

—¡Hey, elefante! ¡Sí, tú! Tengo una pregunta para ti. ¿Por qué nunca me dices nada? Yo siempre te digo "hola" y tú nunca respondes.

»Warum sollte ich mit den anderen Tieren reden?«, denkt der Elefant. »Sie sind schlechter als ich. Sie müssen mich respektieren.«

Eines Tages beschließt der Elefant, in den Bergen spazieren zu gehen. Wie immer begrüßen ihn alle Tiere mit »Guten Tag, Herr Elefant.« Wie immer sagt der Elefant kein Wort.

In den Bergen gibt es viele Höhlen. Darin ruht sich der Elefant oft aus. Er findet eine geräumige Höhle, in der es angenehm frisch ist.

In der Höhle leben Ameisen. Sie sind winzig, aber sehr mutig. Eine Ameise geht auf den Elefanten zu und sagt:

»Hey, Elefant. Ja, du! Ich möchte dich etwas fragen. Warum sagst du nie was zu mir? Ich sage dir immer ›Guten Tag‹, und du antwortest nie.«

—¿Pero tú quién eres? —se ríe el elefante— ¿El animal más pequeño del mundo?

—Sí, las hormigas somos pequeñas, pero no somos peores que tú. Tú eres grande y fuerte. Por eso, piensas que eres el mejor. Pero eso no es cierto.

El elefante no quiere escucharla.

—Qué hormiga más estúpida —piensa el elefante y se ríe—. ¡Ja, ja, ja! ¡Qué tonterías dice! ¡Ja, ja, ja!

El elefante se ríe tanto, que comienzan a caer rocas de la montaña. Una roca enorme cae delante de la cueva y cierra la salida. La roca es demasiado pesada. El elefante es grande y fuerte, pero no puede mover la roca. Sin embargo, las hormigas encuentran un pequeño agujero y escapan fácilmente de la cueva.

—¡Hey, elefante! ¿Quién es ahora el mejor animal del mundo? —pregunta la hormiga.

»Wer bist du denn?«, lacht der Elefant. »Das kleinste Tier der Welt?«

»Ja, wir Ameisen sind klein, aber wir sind nicht schlechter als du. Du bist groß und stark. Darum denkst du, dass du der Beste bist. Aber das stimmt nicht.«

Der Elefant will ihr nicht zuhören.

»Dumme Ameise«, denkt der Elefant und lacht. »Ha, ha, ha! Was für einen Unsinn sie redet! Ha, ha, ha!«

Der Elefant lacht so laut, dass Felsen den Berg hinunterstürzen. Ein riesiger Fels landet vor der Höhle und versperrt den Ausgang. Der Fels ist zu schwer. Der Elefant ist groß und stark, aber er kann den Felsen nicht bewegen. Doch die winzigen Ameisen finden ein kleines Loch und kommen leicht aus der Höhle heraus.

»Hey, Elefant. Wer ist jetzt das beste Tiere der Welt?«, fragt die Ameise.

Ejercicios

---

1 Pon las frases en el orden correcto:
Bringe die Sätze in die richtige Reihenfolge:

1. La hormiga dice al elefante que las hormigas no son peores que él.
2. El elefante se ríe mucho.
3. La roca es pesada y el elefante no puede moverla.
4. El elefante pasea por las montañas y encuentra una cueva.
5. Las hormigas escapan fácilmente de la cueva.
6. Una roca enorme cae y cierra la salida.

2 Verdadero (V) o falso (F)?
Wahr oder falsch?

1. El león también tiene miedo al elefante.
2. El elefante nunca saluda a los otros animales.
3. El elefante vive en una cueva.
4. Las hormigas son fuertes y mueven la roca.
5. Las hormigas encuentran un agujero y escapan de la cueva.
6. Las rocas caen de la montaña, porque el elefante es demasiado pesado.

3. Completa las frases con las siguientes palabras:
Vervollständige die Sätze mit den angegebenen Wörtern:

mover / trata / sigue / delante /
agujero / peores

1. Nuestra historia _____ de un elefante muy especial.
2. Una roca enorme cae _____ de la cueva.
3. El elefante _____ su camino sin decir nada.
4. El elefante no puede _____ la roca.
5. El elefante piensa que otros animales son _____ que él.
6. Las hormigas encuentran un pequeño _____ y escapan.

4. Combina las columnas:
Verbinde die Spalten:

1. El elefante es muy   a. la salida
2. Una roca enorme cierra   b. arrogante
3. Las rocas caen de   c. tonterías
4. Todos los animales deben   d. respetarme
5. La hormiga dice   e. espacio
6. Aquí no hace calor y hay mucho   f. la montaña

Soluciones

Ejercicio 1: El orden correcto es 4, 1, 2, 6, 3, 5
Ejercicio 2: 1-V, 2-V, 3-F, 4-F, 5-V, 6-F
Ejercicio 3: 1-trata, 2-delante, 3-sigue, 4-mover,
5-peores, 6-agujero
Ejercicio 4: 1-b, 2-a, 3-f, 4-d, 5-c, 6-e

Patatas deliciosas
Die leckeren Kartoffeln

Vocabulario

1.	viejo	alt
2.	joven	jung
3.	huerto	Gemüsegarten
4.	vaca	Kuh
5.	pueblo	Dorf
6.	cebolla	Zwiebel
7.	zanahoria	Möhre
8.	fácil	einfach
9.	mañana	Morgen
10.	fresco	frisch
11.	temprano	zeitig, früh
12.	después	danach
13.	dar de comer	füttern
14.	verdura	Gemüse
15.	cena	Abendessen
16.	vago	faul
17.	tarde	spät
18.	preparar	zubereiten, machen
19.	cenar	zu Abend essen
20.	contento	glücklich, zufrieden
21.	frito	gebraten
22.	mesa	Tisch
23.	¡Qué asco!	Igitt!
24.	fregar los platos	das Geschirr spülen
25.	limpiar	sauber machen

Patatas deliciosas

Una madre y su hijo viven en un pueblo. La madre es vieja. El hijo es joven y fuerte. Tienen un gran huerto y una vaca.

La vida en el pueblo es muy tranquila. En el huerto hay patatas, tomates, cebollas y zanahorias. Y la vaca da mucha leche. Pero vivir en el pueblo no es fácil porque siempre hay mucho trabajo.

Todas las mañanas, la madre se levanta muy temprano. Trabaja en el huerto todo el día. Después, tiene que dar de comer a la vaca. Por la tarde, coge verduras frescas y prepara la cena.

Die leckeren Kartoffeln

Eine Mutter und ihr Sohn leben in einem Dorf. Die Mutter ist alt. Der Sohn hingegen ist jung und stark. Sie haben einen großen Garten und eine Kuh.

Das Leben auf dem Dorf ist sehr ruhig. Im Garten gibt es Kartoffeln, Tomaten, Zwiebeln und Gurken. Die Kuh gibt viel Milch. Aber das Leben auf dem Dorf ist nicht einfach, denn es gibt immer viel zu tun.

Jeden Morgen steht die Mutter sehr früh auf. Den ganzen Tag arbeitet sie im Garten. Später muss sie die Kuh füttern. Abends nimmt sie sich frisches Gemüse und kocht das Abendessen.

¿Y qué hace su hijo mientras tanto? El hijo es muy vago y descansa todo el día. Le gusta dormir y siempre se levanta tarde. Luego, pasea por el bosque o lee un libro. Y por la tarde, cena y se va a dormir temprano. Su madre no está contenta, pero no dice nada.

Hoy, para cenar, hay patatas fritas.

—Hijo, la cena ya está en la mesa —dice la madre.

El hijo prueba las patatas y dice:

—¿Otra vez patatas? ¡Qué asco! ¿Por qué haces siempre patatas para cenar? No puedo comer esto todos los días.

El hijo deja las patatas en la mesa y se va a dormir. La madre, como siempre, no dice nada. Recoge la mesa, friega los platos, limpia la cocina y también se va a dormir.

Und was macht ihr Sohn derweil? Der Sohn ist faul und ruht sich den ganzen Tag aus. Er schläft gern lang und steht immer spät auf. Danach geht er draußen spazieren oder liest ein Buch. Abends isst er Abendessen und geht früh ins Bett. Die Mutter ist unzufrieden, aber sie sagt nichts.

Heute gibt es zum Abendessen Bratkartoffeln.

»Mein Sohn, das Abendessen steht auf dem Tisch«, sagt die Mutter.

Der Sohn probiert die Kartoffeln und sagt:

»Schon wieder Kartoffeln? Igitt! Warum machst du zum Abendessen immer Kartoffeln? Ich kann das nicht jeden Tag essen!«

Der Sohn lässt die Kartoffeln auf dem Tisch stehen und geht schlafen. Die Mutter sagt wieder nichts. Sie räumt den Tisch ab, spült die Teller, macht die Küche sauber und legt sich ebenfalls schlafen.

A la mañana siguiente, la madre despierta a su hijo muy temprano y le dice:

—Hoy vamos a trabajar juntos.

Hace mucho calor, pero trabajan todo el día. No descansan ni un minuto. Por la tarde, llegan a casa muy cansados. El hijo pregunta a su madre:

—¿Qué hay para cenar? Tengo mucha hambre.

—¿Quieres patatas? —pregunta la madre—. Las puedo preparar en un minuto.

—Sí, por favor. —responde el hijo.

La madre pone las patatas sobre la mesa. El hijo las come rápidamente y dice:

—¡Estas patatas están muy buenas! ¿Cómo las haces? ¿Es una receta nueva?

—Claro que no, hijo mío —responde la madre—. Estas son las patatas de ayer. La comida sabe mejor cuando tienes hambre de verdad.

Am nächsten Morgen weckt die Mutter ihren Sohn früh morgens und sagt:

»Heute arbeiten wir zusammen.«

Es ist ein sehr heißer Tag, doch sie arbeiten den ganzen Tag. Sie ruhen nicht eine Minute. Am Abend kehren sie erschöpft heim. Der Sohn fragt seine Mutter:

»Was gibt's zum Abendessen? Ich habe Riesenhunger!«

»Willst du Kartoffeln?«, fragt die Mutter. »Die habe ich in einer Minute fertig.«

»Ja, bitte!«, antwortet der Sohn.

Die Mutter stellt die Kartoffeln auf den Tisch. Der Sohn isst sie schnell auf und sagt:

»Diese Kartoffeln sind so lecker! Wie machst du sie? Ist das ein neues Rezept?«

»Aber nein, mein Sohn«, antwortet die Mutter. »Das sind die Kartoffeln von gestern. Das Essen schmeckt am besten, wenn man richtig Hunger hat.«

Ejercicios

---

1 ¿Verdadero (V) o falso (F)?
Wahr oder falsch?

1. La vida en el pueblo es muy fácil.
2. El hijo trabaja en el huerto todos los días.
3. Por la tarde, el hijo se va a dormir temprano.
4. La madre siempre friega los platos.
5. El hijo no come las patatas y la madre prepara algo nuevo.
6. Cuando el hijo tiene hambre, las patatas de ayer saben mejor.

2 Escoge la respuesta correcta:
Wähle die richtige Antwort:

1. ¿Dónde viven la madre y el hijo?
   a) en una ciudad b) en un pueblo c) en la huerta
2. ¿Qué animal tienen?
   a) un gato b) un perro c) una vaca
3. ¿Qué cocina la madre a menudo?
   a) patatas b) carne c) tomates
4. ¿Qué hace el hijo?
   a) descansar b) dar de comer a la vaca c) lavar los platos
5. ¿Por qué el final las patatas saben bien?
   a) porque es una receta nueva b) porque son frescas
   c) porque el hijo tiene hambre

3 Completa las frases con las siguientes palabras:
Vervollständige die Sätze mit den angegebenen Wörtern:

fuerte / verduras / sabe / vago /
temprano / friega

1. La madre es vieja y el hijo es joven y _____ .
2. La madre se levanta _____ .
3. Por la tarde, la madre coge las _____ frescas.
4. El hijo es muy _____ y descansa todo el día.
5. La madre _____ los platos.
6. La comida _____ mejor cuando tienes hambre.

4 Combina las columnas:
Verbinde die Spalten:

1. Llegan a casa muy
2. En el huerto hay
3. No descansan ni
4. La vaca da mucha
5. El hijo pasea por
6. La madre no está

a. zanahorias
b. el bosque
c. leche
d. contenta
e. cansados
f. un minuto

Soluciones

Ejercicios 1: 1-F, 2-F, 3-V, 4-V, 5-F, 6-V
Ejercicios 2: 1-b, 2-c, 3-a, 4-a, 5-c
Ejercicios 3: 1-fuerte, 2-temprano, 3-verduras, 4-vago, 5-friega, 6-sabe
Ejercicios 4: 1-e, 2-a, 3-f, 4-c, 5-b, 6-d

Buenos vecinos
Gute Nachbarn

Vocabulario

1.	liebre	Hase
2.	deporte	Sport
3.	correr	rennen
4.	ocurrir	passieren
5.	extraño	seltsam
6.	enfermo	krank
7.	cuerpo	Körper
8.	garganta	Hals
9.	oreja	Ohr
10.	pata	Bein (eines Tieres), Pfote
11.	cama	Bett
12.	vecino	Nachbar
13.	caracol	Schnecke
14.	estupendo	wunderbar
15.	pobre	arm
16.	¡Qué pena!	Wie schade!
17.	medicina	Medizin
18.	preocuparse	sich Sorgen machen
19.	crecer	wachsen
20.	ventana	Fenster
21.	noticias	Nachrichten
22.	lento	langsam
23.	por fin	endlich
24.	ahora mismo	sofort
25.	hierba	Kraut

Buenos vecinos

Audio 6

En un bosque, debajo de un árbol, vive una liebre. Todas las mañanas, la liebre hace deporte. Corre muy rápido y salta muy alto.

Pero hoy ha ocurrido algo extraño. La liebre ni corre ni salta. Está enferma. Le duele todo el cuerpo. Le duele la garganta. Le duelen las orejas. Le duelen las patas. No puede hacer deporte. Solo puede estar en la cama.

La liebre tiene un buen vecino. Es un caracol. Es muy lento, como todos los caracoles.

—Hola, liebre. ¿Qué haces en casa? —pregunta el caracol—. Hoy hace un día estupendo.

Gute Nachbarn

In einem Wald, unter einem Baum, lebt ein Hase. Jeden Vormittag macht der Hase Sport. Er rennt sehr schnell und springt sehr hoch.

Doch heute ist etwas Seltsames passiert. Der Hase rennt nicht und springt nicht. Er ist krank. Ihm schmerzt der ganze Körper. Ihm tut der Hals weh. Ihm tun die Ohren weh. Ihm tun die Pfoten weh. Er kann keinen Sport machen. Er kann nur im Bett liegen.

Der Hase hat eine gute Nachbarin. Es ist eine Schnecke. Sie ist sehr langsam, wie alle Schnecken.

»Hallo Hase! Was machst du zu Hause?«, fragt die Schnecke. »Heute ist wunderbares Wetter!«

—¡Ay, querido caracol! —responde la liebre—. No puedo pasear. Estoy enferma. Me duelen las patas, la garganta, la espalda y hasta las orejas. No me puedo mover.

—¡Ay, pobre liebre! ¡Qué pena verte así! ¿Tienes que tomar alguna medicina? —pregunta el caracol.

—Sí, así es. Necesito una medicina especial para liebres. Es una hierba que crece muy cerca de aquí. Pero, como ves, yo no puedo ir.

—No te preocupes —contesta el caracol—. ¿Dónde está esa hierba? Yo puedo ir a buscarla.

—Ay, muchísimas gracias, caracol. Eres un amigo de verdad —responde la liebre y explica al caracol dónde crece esta hierba especial.

—Perfecto. Ahora mismo voy por tu medicina —responde el caracol y se va.

»Ach, liebe Schnecke«, antwortet der Hase. »Ich kann nicht spazieren gehen. Ich bin krank. Mir tun die Pfoten, der Hals, der Rücken und sogar die Ohren weh. Ich kann mich nicht bewegen.«

»Oh, armer Hase! Es tut mir so leid, dich so zu sehen. Musst du Medizin einnehmen?«, fragt die Schnecke.

»Ja, muss ich. Ich brauche eine spezielle Medizin für Hasen. Es ist ein Kraut, dass hier in der Nähe wächst. Doch wie du siehst, kann ich nicht hingehen.«

»Keine Sorge!«, entgegnet die Schnecke. »Wo ist dieses Kraut? Ich kann es dir bringen.«

»Oh, vielen, vielen Dank, Schnecke. Du bist eine echte Freundin«,antwortet der Hase und erklärt der Schnecke, wo das besondere Kraut wächst.

»Gut. Ich gehe sofort deine Medizin holen«, antwortet die Schnecke und zieht los.

Pasa el tiempo. La liebre mira por la ventana y espera al caracol. Después de comer, vuelve a mirar por la ventana.

—Pero, ¿dónde está este caracol? —piensa la liebre.

Una hora más tarde, la liebre aún no tiene noticias de su vecino.

—¡Qué animal más lento! —grita la liebre—. ¿Dónde está? ¿Cuándo va a venir?

—¿Estás hablando de mí? —dice una voz. La liebre mira por la ventana y ve al caracol.

—¡Vaya, por fin estás aquí! —responde la liebre—. ¿Dónde has estado todo este tiempo? ¿Tienes mi medicina?

—¿Tu medicina? —responde el caracol sorprendido—. He salido de casa hace solo dos horas. Aún estoy de camino.

Die Zeit vergeht. Der Hase schaut aus dem Fenster und wartet auf die Schnecke. Nach dem Mittagessen schaut er wieder aus dem Fenster.

»Wo ist nur diese Schnecke?«, denkt sich der Hase.

Nach einer weiteren Stunde hat der Hase noch immer nichts von seiner Nachbarin gehört.

»So ein langsames Tier!«, schreit der Hase. »Wo ist sie? Wann kommt sie?«

»Meinst du mich?« fragt da eine Stimme. Der Hase schaut aus dem Fenster und sieht die Schnecke.

»Na endlich bist du wieder da!«, antwortet der Hase. »Wo warst du so lange? Hast du meine Medizin?«

»Deine Medizin?«, antwortet die Schnecke überrascht. »Ich bin doch erst vor zwei Stunden aus dem Haus gegangen. Ich bin noch auf dem Hinweg.«

Ejercicios

---

1 ¿Verdadero (V) o falso (F)?
Wahr oder falsch?

1. El caracol y la liebre son vecinos.
2. A la liebre le duelen las orejas, la garganta y las patas.
3. El caracol es vago y no quiere ir a buscar la hierba.
4. El caracol es lento, como todos los caracoles.
5. La hierba que necesita la liebre crece muy cerca.
6. El caracol no puede ir rápido porque está enfermo también.

2 Escoge la respuesta correcta:
Wähle die richtige Antwort:

1. ¿Dónde vive la liebre?
a) en la hierba b) debajo de un árbol c) cerca de un lago
2. ¿Por qué la liebre está en casa?
a) es vaga b) no quiere salir c) está enferma
3. ¿Qué necesita la liebre?
a) una casa nueva b) una hierba especial
c) un buen vecino
4. ¿Qué hace el caracol?
a) ir a buscar la hierba b) cocinar c) hacer deporte
5. ¿Cuánto tiempo espera la liebre al caracol?
a) cinco minutos b) dos días c) varias horas

3 Completa las frases con las siguientes palabras:
Vervollständige die Sätze mit den angegebenen Wörtern:

cuerpo / corre / crece / noticias /
por fin / estupendo

1. La liebre ni _____ ni salta.
2. Le duele todo el _____ .
3. La liebre explica al caracol dónde _____ la hierba especial.
4. ¡Hoy hace un día _____ !
5. La liebre no tiene _____ de su vecino.
6. ¡Vaya, _____ estás aquí! – responde la liebre.

4 Combina las columnas:
Verbinde die Spalten:

1. La liebre no puede hacer   a. de aquí
2. Hoy ha ocurrido algo   b. vecino
3. Esta hierba crece cerca   c. extraño
4. La liebre tiene un buen   d. camino
5. El caracol aún está de   e. la ventana
6. La liebre vuelve a mirar por   f. deporte

Soluciones

Ejercicios 1: 1-V, 2-V, 3-F, 4-V, 5-V, 6-F
Ejercicios 2: 1-b, 2-c, 3-b, 4-a, 5-c
Ejercicios 3: 1-corre, 2-cuerpo, 3-crece, 4-estupendo,
5-noticias, 6-por fin
Ejercicios 4: 1-f, 2-c, 3-a, 4-b, 5-d, 6-e

Notas

Notas

....
....
....
....
....
....
....
....
....
....
....
....
....
....
....
....
....
....
....
....
....
....
....
....